www.ingramcontent.com/pod-product-compliance
Lightning Source LLC
Chambersburg PA
CBHW042253100526
44587CB00003B/125
* 9 7 8 1 7 3 4 9 2 5 1 3 5 *

رمان

فەرهەنگی کوردیی وێنەدار

(سۆرانی)

دانان: ماجیدە ئەلحۆرانی

وێنەسازی: عبد الله قواریق

دیزاین: عاسم ناسر

وەرگێڕان و وردبینیی زمانەوانی: زانیار عەلی

وەرگێڕان : موحەمەد کەلەش

رمان
RUMAN

چاپی یەکەم 2020

رمان

فەرهەنگی کوردیی وێنەدار

(سۆرانی)

گشت مافەکان بۆ کۆمپانیای ڕومان پارێزراوە. بەبێ ڕەزامەندیی لایەنی بڵاوکار، هیچ کەس و لایەنێک
مافی چاپکردن، وەرگێران و گواستنەوەی هیچ بەشێک لە بەشەکانی ئەم بەرهەمەی نییە.

چاپی یەکەم، تشرینی دووەم٢٠٢٠

RUMAN

KURDISH PICTURE DICTIONARY

Copyright © RumanLLC 2020
All rights reserved without limiting the rights under copyright reserved above, no part of this publication may be reproduced, stored in or introduced into a retrieval system, or transmitted, in any form, or by any means (electronic, mechanical, phot copying, recording, or otherwise), without the prior written permission of both the copyright owner

A catalog record for this book is available from the

978-1-7349251-3-5

جميع الحقوق محفوظة لشركة رمان

لا يجوز طباعة أو ترجمة أو نقل أي أجزاء منه بأي شكل من الأشكال إلا بإذن خطي مسبق من الناشر

الطبعة الأولى 2020

Publisher: Ruman LLC
E-mail: rumanllc@gmail.com
Website: www.ruman-llc.com

پێشەکی

فێرکردنی وشە و زاراوە لە ڕێگەی وێنەوە، بە گرنگترین شێوازە کاراکانی فێربوونی زمان دادەنرێت، بۆیە ئەم فەرهەنگە بیستوچوار پۆستەر لە خۆ دەگرێت، هەر یەکێکیشیان ئاماژە بە بابەتێکی جیا دەدات. هەر پۆستەرێک وێنەی بچووکی تێدایە، کە لە (٢٥-٣٥ وشە) و (٥-١٠ فرمان)ی ڕوون پێک دێت. ئەم فەرهەنگە تەنیا زمانی کوردیی سۆرانی لە خۆ دەگرێت و هیچ وشەیەکی بە وەرگێڕدراوی تێدا نییە، لەبەر ئەمەیە بۆ هەر وشەیەک وێنە دانراوە، تاکوو وا لە فێرخواز بکەین، ئاوێتەی زمانەکە ببێت. بابەتی پۆستەرەکان تێروتەسەلن و بەشێکی زۆری لایەنەکانی ژیان بەرجەستە دەکەن وەک: خێزان، خواردن، ڕەنگەکان، ژمارەکان، پیشە و لایەنە بنەڕەتییەکانی دیکە.

دەشێت پێش پۆلی یەکی سەرەتایی و هەتا قۆناغی ئامادەییش، ئەم فەرهەنگە لە لایەن وانەبێژانی زمانی کوردییەوە، زۆر بە سانایی بۆ فێربوونی زمانی کوردی بە کار ببرێت. هەروەتر، دەگونجێت جیا لە خوێندنگەیش، ئەم فەرهەنگە لە جێگەی تر سوودی لێ ببینرێت. وێنەکانی نێو ئەم فەرهەنگە، بە کۆمەکی نەخش و نیگار و ژینگەی کۆمەڵایەتی، وێنەیەکی ڕوونی کەلتوور و ڕووناکبیریی عەرەبی و کوردیمان دێنێتە پێش چاوان. ئەم فەرهەنگە کۆمەڵێک کەسایەتیی بنچینەییی تێدایە، هەتا فێرخواز بتوانێت پێوەندییان لەگەڵدا ببەستێت. سەرجەم کەسایەتییەکانیش نموونەی پێوەندییەکی قووڵ و پێکەنیناوی و لێوڕێژ لە خۆشەویستی دەخەنە ڕوو. فەرهەنگەکە چەند پەیامێکی گرنگیش لە خۆ دەگرێت، وەک: مافی منداڵان، کەمئەندامان، فرەنەژادی، ئاژەڵدۆستی. هەروەتر، کەسایەتییەکان یەکسانیی نێوان پیاوان و خانمان بەرجەستە دەکەن. ئەمانە هەمووی وێکڕا بنچینەی ڕووناکبیری و مرۆڤدۆستی دادەڕێژن. فێرکردنی زمان، هەر تەنیا فێرکردن نییە، پردێکە بۆ گەیشتن بە کەسانی دیکە...

إلى هذه الأزهار الجميلة على رؤوس الجبال

أقصد ما يظلّ من الأكراد بعد كل أغنية: أطفالهم !

ما يتركه الماء على الصخر: أسمائهم.

ما يجعلنا نحفظ الطريق بعدهم: أصواتهم وهي تتردد في طبقات الريح.

هنا لكم كل شيء

پێشکەش بەو گوڵاڵە سوورە جوانانەی لەسەر لووتکەی چیاکان ڕواون.

مەبەستم ئەو شتەیە کە دوای هەموو گۆرانییەک لە کوردەکان بزر دەبێ: منداڵەکانیان!

ئەوەی ئاو لەسەر بەرد جێی دەهێڵێ: ناوەکانیان.

ئەوەی وامان لێ دەکات دوای ئەوانیش ڕێگەکە ون نەکەین: دەنگی ئەوانە، کە لەنێو بادا دەنگ دەداتەوە.

لێرە هەموو شتێکتان بۆ دانراوە!

القاموس الكُرديّ المصوّر (سوراني)

يعتبر تدريس المفردات من خلال سياقٍ وموضوع، من أهمّ الاستراتيجيات الفعّالةِ لتدريس المفردات الجديدة، لذلك يحتوي القاموس المصوّرُ على أربعةٍ وعشرين ملصقًا، يستهدف كلٌّ منها موضوعًا واحدًا. وكلُّ ملصق محاطٌ بصور صغيرةٍ (٢٥-٣٥ مُفردة) و(٥-١٠ أفعال) واضحةٍ داخل الملصق.

هذا القاموس يحتوي على اللغة الكردية(سورانية) فقط، بدون أي ترجمة، لذلك تم رسم جميعِ المفردات التي نريد التعبيرَ عنها، لنساعد المتعلم على الانغماس في اللغة.

مواضيع الملصقات متكاملةٌ تماماً، وتشمل معظمَ جوانب الحياة اليومية؛ كالعائلة، الطعام، الألوان، الأرقام، والمهن والمسائل الأساسية الأخرى.

يمكن استخدام القاموس بسلاسة بَدءًا من السنة الأولى لتعليم اللغة الكرديةِ - من مرحلةِ ما قبل المدرسةِ - وصولاً إلى المدرسةِ الثانويةِ لمتعلمي اللغةِ الكردية (سورانية)، علاوةً على ذلك، يمكن استخدامُه بشكل مستقل كموردٍ لا يرتبط بأيّ منهج مدرسي.

تعكس الرسومُ التوضيحية الملامحَ الأساسيةَ للثقافةِ العربيةِ والكردية من خلال النقوش والزخارف والبيئة الاجتماعية.

يحتوي هذا القاموس على شخصياتٍ مركزيّة لكي يبني المتعلم علاقة معها. وتعكس تلك الشخصيات علاقة عميقة ومضحكة ومليئة بالحب.

يعكس القاموس رسائل متعددة مثل: حقوق الطفل، ذوي الاحتياجات الخاصة، التنوع العرقي، الرفق بالحيوان، الى جانب ان الشخصيات الرئيسية في القاموس تُظهِر صورا غيرَ نمطيّة لأدوار الرجل والمرأة في المجتمع، كلُّ هذا يعكس أسس الثقافة والروح الإنسانية، إنّ تدريس اللغة هو أكثر من مجرد تعلّم للغة، إنه جسر للآخرين.

ناوەرۆك

پ چ ژ ێ ئەلفبێ..8

داری خێزان..10

پۆل..12

خوێندنگا-فێرگە..14

کارەکانی ڕۆژانە..16

سەوزە و میوە..18

خواردەمەنی..20

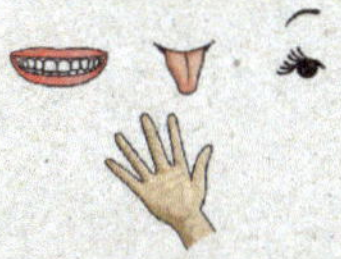

لەش و ڕواڵەت..22

هەست..24

جلوبەرگ..26

ماڵ..28

چێشتخانە..30

ئارەزوویەکان	32
پیشەکان	34
ساڵ و کەش	36
پێوەندییەکان و گەشت	38
شار	40
کێڵگە	42
ئاژەڵی کێوی-درندە	44
لێکدژ	46
ژمارەکان	48
کات	50
ڕەنگەکان و شێوەکان	52
جەژنی نەورۆز	54

۳-۲-۱

ئ الهمزة

ئاگر

ا (ا - A)

مار

ب (ب - B)

بزن

پ (پ - P

پاس

خ (خ)

قۆخ

د (د - D)

دەست

ر (ر - R)

دار

ڕ (راء مشدد

ڕێوی

ع (ع)

عوود

غ (غ)

غەمبار

ف (ف - F)

فیل

ڤ (ڤ - V

ئاڤڕشێن

ڵ (لام مشدودة)

کیسەڵ

م (م - M)

ماسی

ن (ن - N)

نان

هـ (ه - H)

هێلکە

ە (الفتحة

گوارە

ت (ت - T)

تریّ

ج (ج - J)

جووجەڵە

چ (چ - Ch)

چای

ح (ح)

حوشتر

ز (ز - Z)

زەڕافە

ژ (جاە - J)

ژیشك

س (س - S)

سێو

ش (ش - SH)

شێر

ق (ق - Q)

قاپ

ك (ك - K)

كەر

گ (گ - g)

گا

ل (ل - L)

لیمۆ

(الضمة - u)

چاو

ۆ (أوو - o)

كۆتر

وو (و - U)

ئاروو

ی (ي - Y)

یارییەكان

ێ

(كسرة مشدودة - e)

3

سێ

داری خێزان

ئامۆزا
پوورزا
ئامۆزا
پوورزا
مامۆژن
من
مام
باب-باوک
داپیره
باپیر

پوورزا
پوورزا
خاڵۆزا
خاڵۆزا
برا
پوور
لاله-خاڵ
دایک-دایه
باپیره
داپیره

پۆل

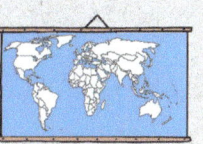

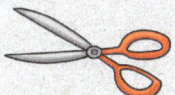

نەخشە

پێنووسدان

مەقەس

سڕە - خەتسڕ

پێنووسداد

مامۆستا

تەختە

پەرتوک

ڕەنگەکان

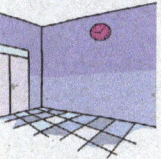

دیوار

کۆمپیوتەر

یارییەکان

پەنجەرە

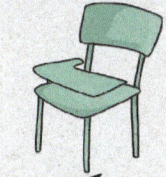

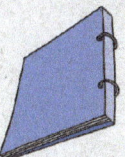

سەبەتە

کورسی

مێز و کورسی

فایل

چیرۆک

کتێبخانە

بینگە

کەنتۆر-دۆڵاب

ئەلفبێ

ژمارەکان

کاتژمێری دیوار

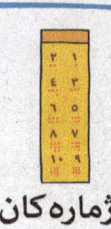

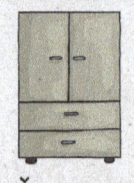

خوێندکار

ڕاستە

کاغەز

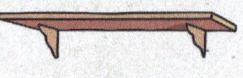

ڕەفە

نووسینگە

پێنووسی جاف

پێنووسی دار

ووس

وێنە

کەتیرە - چەسپ

مێز

جانتا - هەگبە

ڕۆژیەکە هەفتە

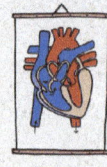

خوێندنگا-فێرگە
- قوتابخانە

کەسوکار

چێشتلێنەر

جێئاو

بەڕێوەبەر

پەرەستار

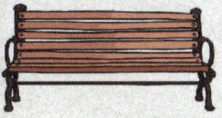

وێستگە

تاقیگە

دۆڵاب-کەنتۆری خوێندکاران

کافتریا

ئاودەستخانە

یارییەکان

پاسی خوێندنگە

نیشتگە

بەڕێوبەری

پۆلی وەرزش

ژووری پەرەستار

پۆلی جوگرافیا
و مێژوو

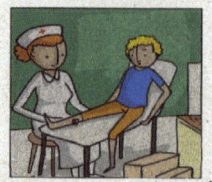

پۆلی زمان

پۆلی بیرکاری

پۆلی زانست

کتێبخانە

شانۆ

پۆلی میوزیک

پیادە

تەختەی ئاگاداری

بەرنامەی هەفتانە

کۆمپیوتەر

پۆلی هونەر

کارەکانی ڕۆژانە

من لە خەو هەڵدەستم

من ڕێکی دەخەم

من دەموچاوم
دەشۆم

من دەشۆم

من سوار دەبم

ئەو لێدەخوڕێت

ئەو چاوەڕێ دەکات

من دەڕۆم

ئەو دایدەخات

ئەو دەنووسێت

ئەو ڕادەکات

ئەو خواردنی نیوەڕۆ
دەخوات

ئەو یاری دەکات

من ڕادەماڵم

من خۆم دەشۆم

من شێو دەخۆم

من-م
ئەو-ی
ئەو-ی

من قژم شانە دەکەم

من نانی بەیانی دەخۆم

من جلەکانم دەپۆشم

من دەڕۆمە دەر

ئەو دەخوێنێت

ئەو گوێ دەگرێت

ئەو دەنووسێت

ئەو دەیکاتەوە

ئەو دەژەنێت

من مەلە دەکەم

من دەگەڕێمەوە

ئەو جلەکانی دادەکەنێت

من تاماشا دەکەم

من ددانەکانم بە فلّچە دەشۆم

من دەنووم

سەوزە و میوە

مەعدەنووس

کاهو - خەس

کەرەوز

لۆبیا-بازێلا

کەلەر

چەوەندەر

باینجان

تەماتە

پیاز

پرتەقاڵ

هەنار

کاڵەک-گندۆر

مۆز

شووتی-شفتی

ئاڤۆکادۆ

ئەناناس

خۆخ (قۆخ)

ترێ

توور

بیبەر

برۆکۆلی-
قەرنابیتی سەوز

سیر

کوولەکە

فاسۆلیا

خەیار-ئارو

لیمۆ

پەتاتە

کێوی

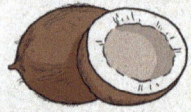

گوێز هیندی

گەنمەشامی-تۆزێ

مانگۆ

...سی

سێو

هەنجیر

گێلاس

گێزەر

شلیک

خواردەمەنی

ئاو

خۆراکی لە قوتوونراو

ڕەچاڵ

دۆشاوی تەماتە-کەچەپ

پاقلە

خواردنەوە گازییەکان

خوێ

مژمژە

کێک

چای

قاوە

چەرەزات

ماکەڕۆن

شەکر

چپسی پەتاتە

ماست

برنج

نیسک

بەهارات

شەربەت

هەنگوین

ڕۆنی
زەیتوون

ڕۆنی
گەنمەشامی

مریشک

ماسی

گۆشت

سۆسیج

نانی فەرەنسی

نان کوردی

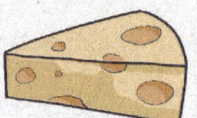

پەنیر

کەرە

هەویرەمەنی

شیر

هێلکە

نۆک

چکلێت

پسکویتە

پیزا

لەش و ڕواڵەت

ڕووخسار
مل-گەردن
شان
قۆڵ-بازوو
سینگ
پشت
زگ-سک
دەست
لەپ
قاچ-لاق
ئەژنۆ-چۆک
پێ
پاژنە-قولەپێ

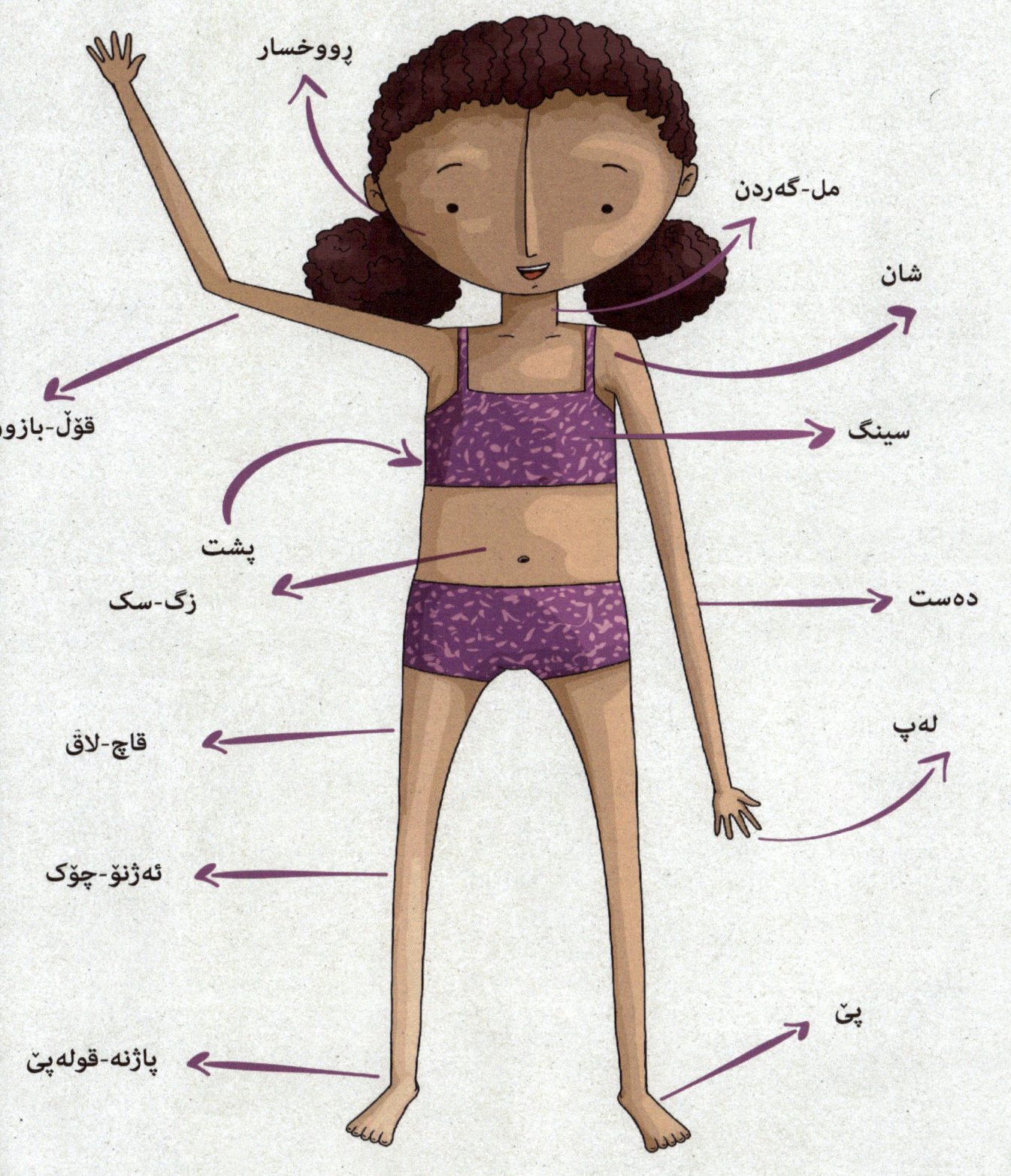

سەرڕووتانەوە
ئەنی-تەوێل
برۆ
گۆنا-ڕوومەت
ڕدێن-ڕیش
سەر
سمێل
قژ-پرچ
گوێ
لووت-کەپوو
چەنە
ڕووخسار
پەنجە
نینۆک
برژانگ
ددانەکان
لێو
دەم
زمان
چاو
پەنجە
دەست
قژی خاو
قژی شەپۆلدار
قژی لوول

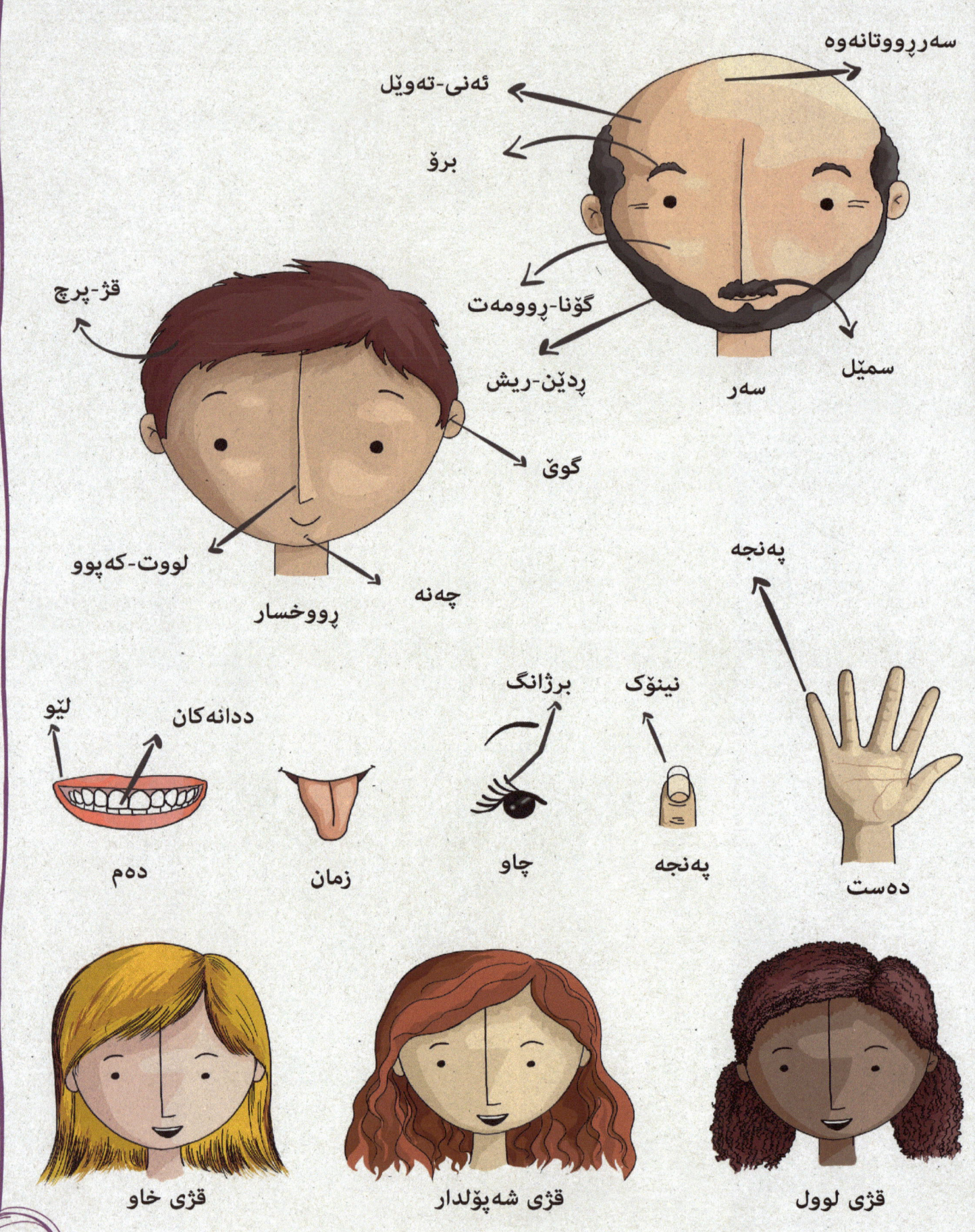

هەست

شاد

خەمگین

ترساو

سەرسوڕماو - واقوڕماو

ڕچاو

تووڕە

بێزار

وەڕس

سەربڵند

بەجۆش

خەفەتبار-پەست

هێور

کرژ

مەراقدار

پێدەکەنێت

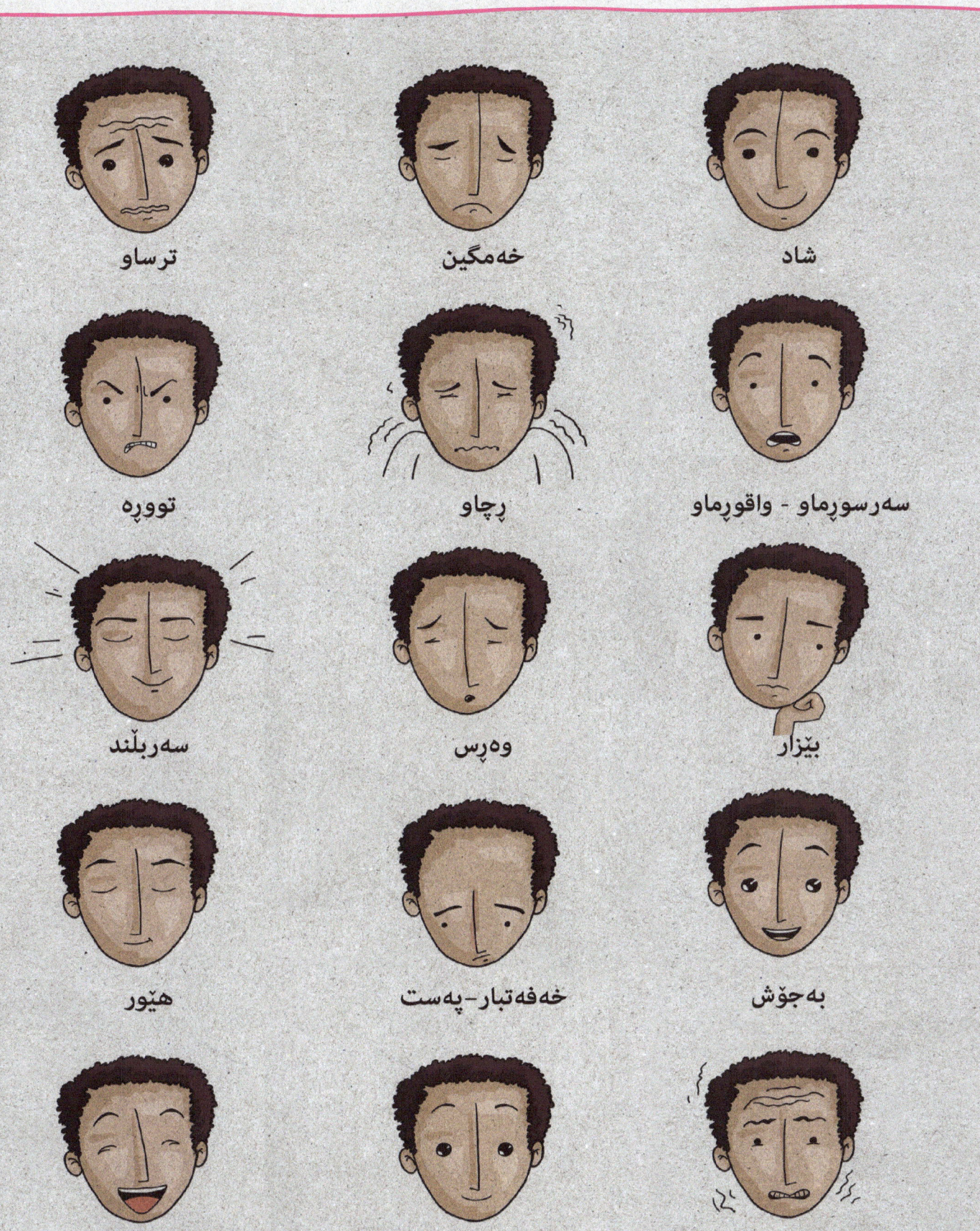

نەخۆش

برسی

دڕدۆنگ

شەرمن

سەرسام

شڵەژاو

هەژاو

بەگومان

ماندوو

خەواڵوو

دوودڵ

شەرمەزار

دەگری

ئیرەییبەر

دڵتەنگ

جلوبەرگ

کڵاو

چاویلکە

بۆن

کاتژمێری
دەست

قایش

دەستکێش

ژێرکراس

ژێرشەواڵ

کراسی ژنان

بلوز

عەبا

شاڵ

گۆرەوی

جزدان

ملوانکە

ئەنگوستیلە

گوارە

جانتای ژنان

جاکەت
و پانتۆڵ

 سۆڵ

 سەندەڵ

 پێڵاو

 پاتە

 پێڵاوی بنبەرز

پووت

پێڵاوی وەرزشی

 جلی مەلەوانی

 بلوزی خوری

 کراس

 فانیلە

 چاکەت

 دامەن-تەنورە

 جلی خانمان

 جلی وەرزشی

 بۆینباخ

 ڕۆب

 پاڵتۆ-قاپووت

 پێجامە-جلی نوستن

 پانتۆڵی کابۆیی

 شۆرت

ماڵ

هەڵواسگەی کلیل-کلیلگە

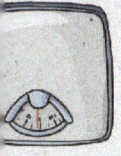

دووش

شانە

لفکە

پانکە

چرا-گڵۆپ

هەڵواسگە

مێزی قاوە

تەلەفزیۆن

لێفە

پەرواز

کاسەی ئاودەس

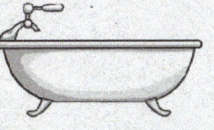

سابوون

بانیۆ

شامپۆ

ئاوێنە

قەروێڵە

سەبەتەی شتن

پێوەر-تەرا

تابلۆ

کاغەزی
ئاودەستخانە

پاڵشت

باليفی قەنەفە

قەنەفە

پەردە

دەرگا

دۆڵاب

قاڵی-مافوور

باڵکۆنە

پەنجەرە

گەراج
سەرشۆرک

لوعە-
ەنبەلە

فێنککەرەوە

پەیژە-پێپیلك

خاولی-
پەشتەماڵ

فلچەی ددان

هەویری ددان

دەسشۆرگە

چێشتخانە و باخچە

تاوە

مەنجەڵی
بچووک

سینی

تێکەڵاوکەر

شامپۆی
قاپشۆر

وشککەرەوە

جلشۆر

قاپشۆر

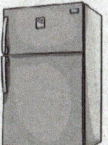

بەفرگر

فڕن

حەوزی قاپشتن

تاییت

دەسکەوان

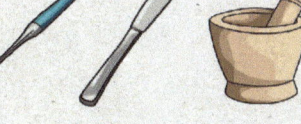

چەقۆ-کێرد

ئەسکرێ
- قلۆخ

شەقێنەر

تیرۆک

چقڵ-
چەتاڵ

کەوچک

ڕندە

پەرداخ

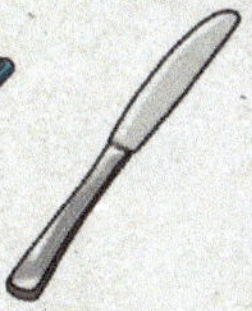

دار

گیا

حەوزی گوڵان

ئاڤڕشێن

ئاوڕێژ

قوتوکەرەوە

ئینجانە-گوڵدان

گسکی کارەبایی

شوورا

سۆندەی ئاو

لیستەی خواردن

ئوتو-ئوتی

دۆڵاب

گسک

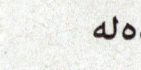
کتری

دەلە

فینجانی بچووک

قاپ-دەوری

دەسکێش

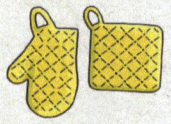
قاپ قووڵ- دەفری قووڵ

ئێوەر

ئارەزوویەکان

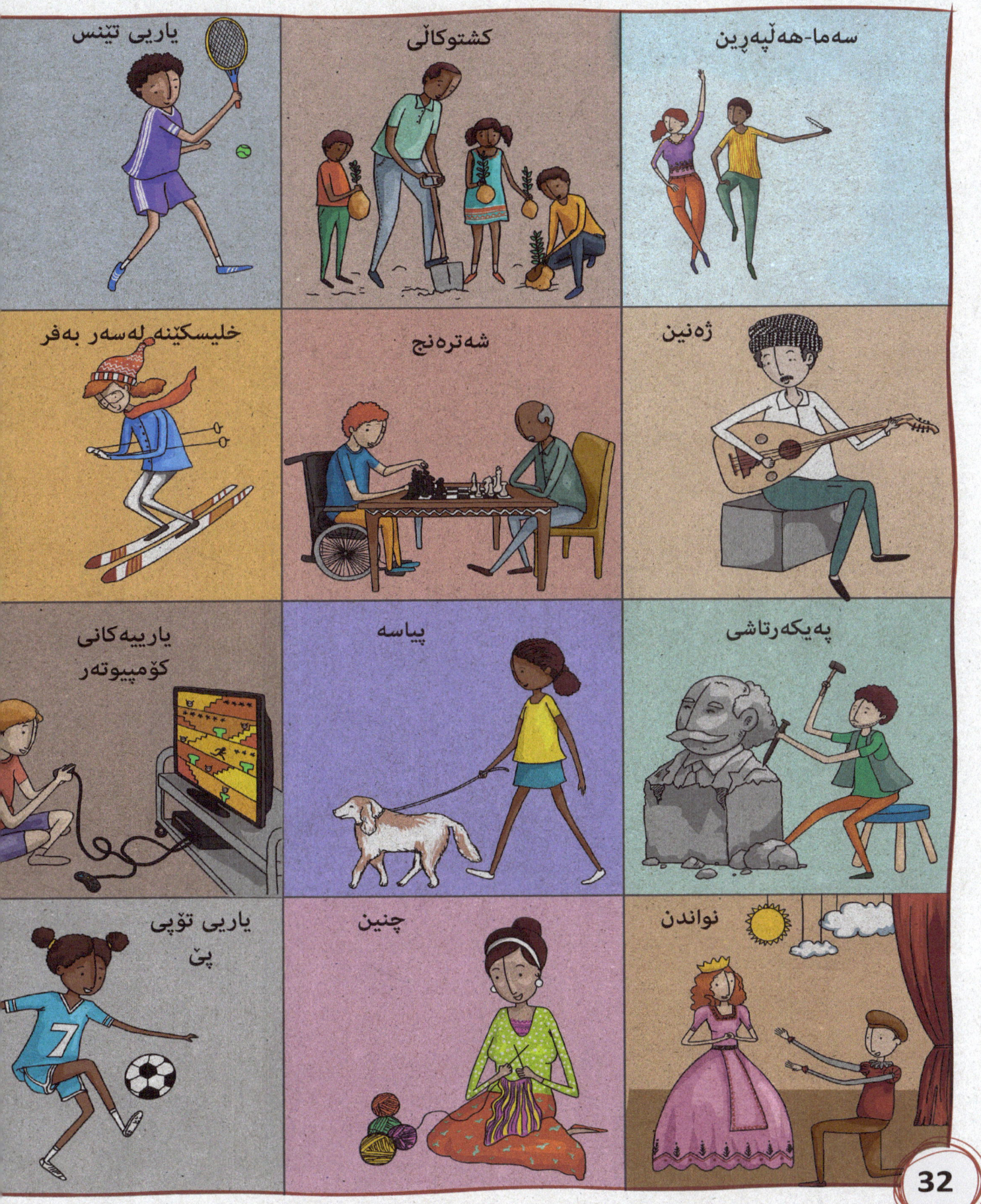

وێنەگرتن

کاراتێ

چادر هەڵدان

یۆگا

گۆرانی ژنەفتن

هەڵگەڕان

ڕاکردن

چێشتلێنان

گۆرانی

مەلەوانی

خوێندنەوە

ئەسپسواری

پیشەکان

پۆلیس
دەرمانساز
ئەندازیار
بۆیاخچی
فرۆشیار
دارتاش
نانەوا
پزیشکی منداڵان
وێنەکێش
بەرگدروو
ئاگرکوژێنەرەوە
ڤێتەرینەر-
پزیشکی ئاژەڵ
پزیشکی ددان
پارێزەر
ڕۆژنامەوان

جووتیار
سکرتێر
پاککەرەوە
ڕۆکەوان
فیتەر
وەستا
خزمەتکار
پەرستار
کارەباچی
سەرتاش
پۆستەچی
وێنەگر
دادوەر
شۆفێر
پرۆگرامساز

چواریەکی ساڵ و کەش

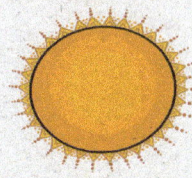

خۆر-هەتاو

هەور

هەوراوی

گێژەڵووکە

بروسکە

باران

بەفر

پرووشکەباران

سەیوان - سێبەر

سۆبە

هەوری

پەپوولە

گەڵا

زۆر
گەرم
گەرم
شلەتێن
مامناوەند-
فێنك
سارد
زۆر سارد

پێوانەی
پلەی گەرمی

با

تەم - تەمومژ

گوڵ

پێوەندییەکان و گەشت

بلیت

ماتۆر

پایسکل

پیادە

پاسپۆرت

ژێردەریایی

بەلەم- گەمیە

کەشتی

کەشتیی چارۆکەدار

مووشەک

پاس

ئامبولانس-ئۆتۆمبیلی فریاکەوتن

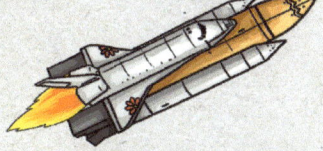

شۆستە

شەقام

شاڕێ

باڵۆن

ڕێبوار

وێستگەی پاس

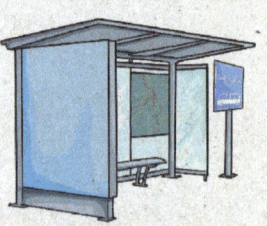

فڕۆکە

هەلیکۆپتر

شەمەندەفەر

بارهەڵگر-لۆری

ئۆتۆمبیل

تەکسی

هێڵی
شەمەندەفەر

شار

ئوتێل
خوێندنگە - قوتابخانە
مزگەوت
ناوەندی بازرگانی
وێستگەی ئۆتۆمۆبێل
شانۆ و سینەما
بازاڕ
بەنزینخانە
شاورما
قاوەخانە
مۆزەخانە
فەلافل

کارگەی چکلێت
کارگە
ئارایشتگە
نۆرینگەی پزیشک
یانەی وەرزشی
کڵێسە
زانکۆ
باخچەی گشتی
وێستگەی پاس
بانک
دەرمانخانە
کتێب باشترین هاورێیە
کتێبخانەی گشتی
بنکەی پۆلیس
چێشتخانە
نانەوا
ناوەندی شار
بازاڕی میللی

کێڵگە

تاوس

چۆلەکە

کۆتر

پەپوولە

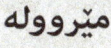

مێروولە

مێشهەنگ-هەنگ

مێش

جاڵجاڵۆکە

جووجەڵە

کەروێشک

مشک

ژووشک-ژیشک

سەگ

مراوی

کەڵەشێر

ئالیک

تراکتۆر

تەویلە

پووش

داهۆڵ

مانگا

گا

وشتر-حوشتر

ئەسپ

گوێدرێژ - کەر

یشک

پشیلە

بزن

بەرخ

ئاژەڵی کێوی-دڕندە

کیسەڵ

تیمساح

شەمشەمەکوێر

بەور

پڵنگ

دەڵەشێر

شێر

ورچ

کەرکەدەن-کەرمل

مار

تاووس

گۆریلا

مەیموون

ڕێوی

بۆق

کەنگەر

کەرەکێوی

ماسی

سەگەماسی - قرش

نەهەنگ

وشترمرغ-
وشترمل

فیل

ئاسک-مامز

زەڕافە

پو-پەپو سلێمان

هەڵۆ-باز

تووتی

کوندەپەپوو

لێکدژ

بچووک
گەورە
خێرا
هێواش-خاو
درێژ
کورت
لاواز
قەڵەو
سەرلێوان-تژی
بەتاڵ-بۆش
سەر
خوار-ژێر
لە پشت
لە پێش
پاک
پیس
پان
تەنک
ئاسان
گران

1953
کۆن
2019
نوێ
لەسەر
خواروو-ژێر
دوور
نزیک
Çay
گەرم
سارد
کراوە
داخراو
دەرەوە
لەناو
لە نێوان
تەڕ
وشک
تەنگ-تەسک
فراوان
قورس
سووک

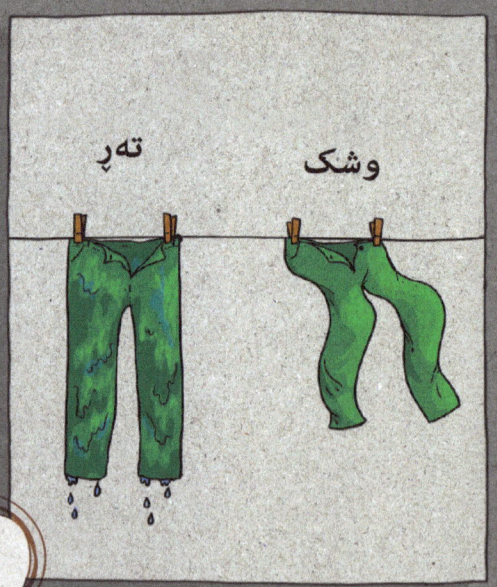

ژمارەکان

ژمارەکان لە ١ تا ١٠

٠ سفر

١ یەک

٢ دوو

٣ سێ

٤ چوار

٥ پێنج

٦ شەش

٧ حەوت

٨ هەشت

٩ نۆ

١٠ دە

ژمارەکانی پلەبەندی

ژمارەکان لە ١١ تا ١٠٠

١١ یازدە	١٢ دوازدە	١٣ سێزدە	١٤ چواردە	١٥ پازدە	١٦ شازدە	١٧ حەڤدە	١٨ هەژدە	١٩ نۆزدە	٢٠ بیست
٢١ بیست و یەک	٢٢ بیست و دوو	٢٣ بیست و سێ	٢٤ بیست و چوار	٢٥ بیست و پێنج	٢٦ بیست و شەش	٢٧ بیست و حەوت	٢٨ بیست و هەشت	٢٩ بیست و نۆ	٣٠ سی
٣١ سی و یەک	٣٢ سی و دوو	٣٣ سی و سێ	٣٤ سی و چوار	٣٥ سی و پێنج	٣٦ سی و شەش	٣٧ سی و حەوت	٣٨ سی و هەشت	٣٩ سی و نۆ	٤٠ چل
٤١ چل و یەک	٤٢ چل و دوو	٤٣ چل و سێ	٤٤ چل و چوار	٤٥ چل و پێنج	٤٦ چل و شەش	٤٧ چل و حەوت	٤٨ چل و هەشت	٤٩ چل و نۆ	٥٠ پەنجا
٥١ پەنجا و یەک	٥٢ پەنجا و دوو	٥٣ پەنجا و سێ	٥٤ پەنجا و چوار	٥٥ پەنجا و پێنج	٥٦ پەنجا و شەش	٥٧ پەنجا و حەوت	٥٨ پەنجا و هەشت	٥٩ پەنجا و نۆ	٦٠ شەست
٦١ شەست و یەک	٦٢ شەست و دوو	٦٣ شەست و سێ	٦٤ شەست و چوار	٦٥ شەست و پێنج	٦٦ شەست و شەش	٦٧ شەست و حەوت	٦٨ شەست و هەشت	٦٩ شەست و نۆ	٧٠ حەفتا
٧١ حەفتا و یەک	٧٢ حەفتا و دوو	٧٣ حەفتا و سێ	٧٤ حەفتا و چوار	٧٥ حەفتا و پێنج	٧٦ حەفتا و شەش	٧٧ حەفتا و حەوت	٧٨ حەفتا و هەشت	٧٩ حەفتا و نۆ	٨٠ هەشتا
٨١ هەشتا و یەک	٨٢ هەشتا و دوو	٨٣ هەشتا و سێ	٨٤ هەشتا و چوار	٨٥ هەشتا و پێنج	٨٦ هەشتا و شەش	٨٧ هەشتا و حەوت	٨٨ هەشتا و هەشت	٨٩ هەشتا و نۆ	٩٠ نەوەد
٩١ نەوەد و یەک	٩٢ نەوەد و دوو	٩٣ نەوەد و سێ	٩٤ نەوەد و چوار	٩٥ نەوەد و پێنج	٩٦ نەوەد و شەش	٩٧ نەوەد و حەوت	٩٨ نەوەد و هەشت	٩٩ نەوەد و نۆ	١٠٠ سەد

هەزار ← 1000

ملیۆن ← 1,000,000

ملیار ← 1,000,000,000

ترلیۆن ← 1,000,000,000,000

کات

★ کاتەکانی ڕۆژ

شەو | کازیوە | بەیانی | نیوەڕۆ | پاش نیوەڕۆ | پێش ئێوارە | شەو

★ یەکینەکانی کات

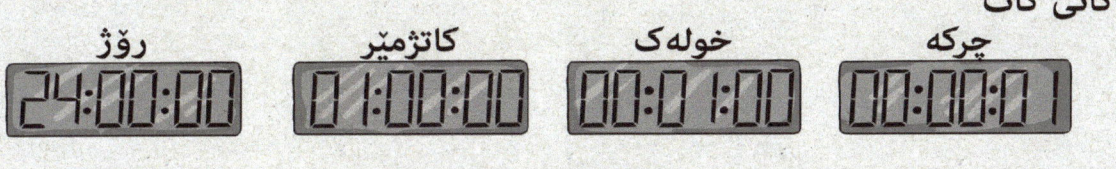

چرکە 00:00:01 | خولەک 00:01:00 | کاتژمێر 01:00:00 | ڕۆژ 24:00:00

ڕۆژەکانی هەفتە

هەینی | شەممە | یەکشەممە | دووشەممە | سێشەممە | چوارشەممە | پێنجشەممە

ساڵ

2019

مانگ

★ کاتژمێر چەندە؟

| کاتژمێر یەکە |  کاتژمێر دووە |  کاتژمێر سێیە |  کاتژمێر چوارە |

| کاتژمێر پێنجە |  کاتژمێر شەشە |  کاتژمێر حەوتە |  کاتژمێر هەشتە |

| کاتژمێر نۆیە |  کاتژمێر دەیە |  کاتژمێر یازدەیە |  کاتژمێر دوازدەیە |

★ خوێندنەوەی کات

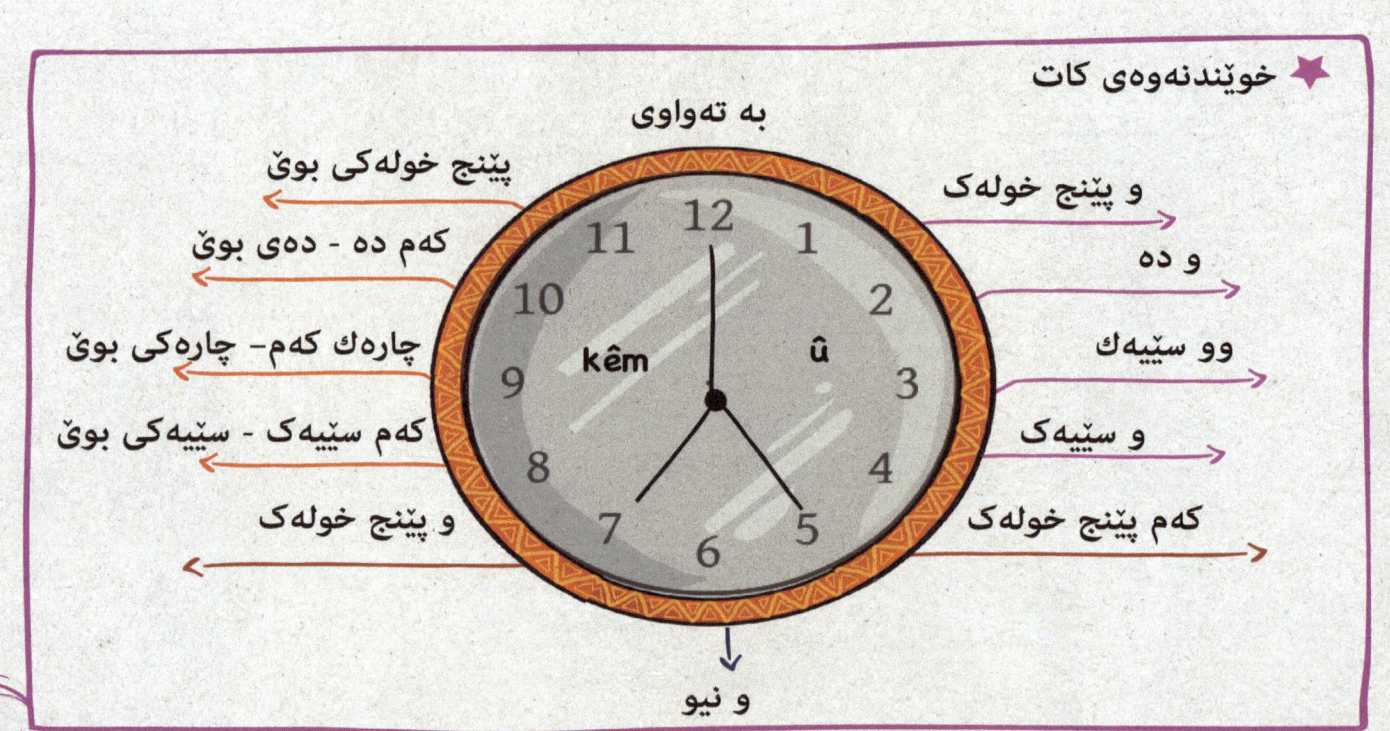

بە تەواوی

و پێنج خولەک
و دە
وو سێیەک
و سێیەک
کەم پێنج خولەک
و نیو

پێنج خولەکی بوێ
کەم دە - دەی بوێ
چارەک کەم - چارەکی بوێ
کەم سێیەک - سێیەکی بوێ
و پێنج خولەک

kêm   û

ڕەنگەکان و شێوەکان

بازنە

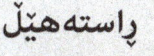

ڕاستەهێڵ

تیر

لارەهێڵ

نیوبازنە

هێلکەیی

هەشتگۆشە

لاکێش

چوارگۆشە

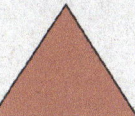

سێگوشە

لەبزینە

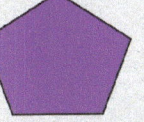

پێنجگۆشەیی

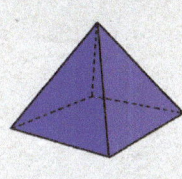

ئەستێرە

خشتەک-شەشپاڵوو

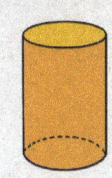

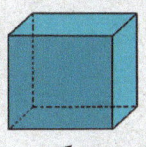

لوولەیی-ستوونی

پۆپەتیژ

قووچەکی

دڵ

خوار وخێچ-
ێچدار

هێڵی
پچڕپچڕ

هێڵی چەماوە

هێڵی
شەپۆلدار

هێڵی
ئاسۆیی

هێڵی
ستوونی

هێڵی
پێچپێچۆکە-
لوولپێچ

قەیسی

بێجی-
خوری

زێڕین

زەرد

لیمۆیی

زەیتوونی

سەوز

پیرۆزەیی

شین

ەش

سپی

بۆر-
خۆڵەمێشی

قاوەیی

پرتەقاڵی

قرمزی

سوور

گوڵی

بنەوشەیی

جەژنی نەورۆز

ساز

دەف

تەنبوور

نەورۆز لە ٣/٢١
دەست پێ دەکات

نەورۆزت
پیرۆز بێت

نەورۆز لە تۆش
پیرۆز بێت

ساڵی نوێ لە تۆ
پیرۆز بێت

نەورۆز جەژنی
ئاشتییە

ژیانێکی
بەختەوەرت
بۆ دەخوازم

هەموو ڕۆژەکانت
نەورۆز بێت

کفتە

خورما

گۆشت و ساوەر

هێلکەی ڕەنگدار

سێو

گیا

مەم و زین

ئاگری نەورۆز

ئاڵای کوردستان

کاوەی ئاسنگەر

جل و بەرگ

کراس و کەوا

ڕانک و چۆغە

پشتێن

دەستماڵ

خواردنەکانی ڕۆژی نەورۆز

سرکە

چڵەگەنم

سماق

سەنجوو -
خورماکێویلە

سیر

رمان

القاموس الكُردي المصور

(سوراني)

تأليف: ماجدة الحوراني

رسومات: عبد الله قواريق

تصميم: عاصم ناصر

ترجمة وتدقيق: زانيار علي

ترجمة: محمد كلش

رمان
RUMAN

الطبعة الأولى 2020